Peter Zimmerling (Hrsg.)

Meine Seele ist still in mir

*Die schönsten Texte
für die Zeit mit Gott*

SCM Collection

SCM
Stiftung Christliche Medien

© 2009 SCM Collection im SCM-Verlag GmbH & Co. KG, Witten
Gesamtgestaltung: Dietmar Reichert, Dormagen
Fotografien: Fotolia, Fotosearch, iStock, MEV
Druck: Druckerei Theiss GmbH, Österreich – www.theiss.at
ISBN 978-3-7893-9391-4
Bestell-Nr. 629.391

Vorwort

Von Lärm belästigt und von äußeren Reizen überflutet, sehnen sich viele Zeitgenossen – Christen und Nichtchristen gleichermaßen – nach Stille und Besinnung. Ohne regelmäßige Unterbrechungen des Alltags können weder Selbst- noch Gotteserkenntnis wachsen. Es ist darum eine gute Idee, ein Jahr der Stille auszurufen, um diese in Vergessenheit geratene Grunderkenntnis des Glaubens neu bewusst zu machen. 2010 soll es begangen werden. Dazu will dieser Band einen Beitrag leisten.

Die etwa dreißig Texte sind chronologisch geordnet.

Sie zeigen, dass sich geistliche Männer und Frauen aus sämtlichen Konfessionen in der Hochschätzung von Stille und Sammlung einig sind. Ob Martin Luther oder Mutter Teresa von Kalkutta – sie alle ermutigen, regelmäßig vor Gott still zu werden. Martin Luther meinte: „Willst du warm werden durch das Evangelium, so gehe hin, wo du still sein kannst"; oder Mutter Teresa von Kalkutta: „Gott ist ein Freund der Stille." Dieser Funkenflug des Geistes lässt sich durch die ganze Kirchengeschichte verfolgen. Das Leben der Wüstenväter und Wüstenmütter im 4. und 5. Jahrhundert ist eine einzige Sehnsucht nach Stille. Vielleicht sind sie deshalb die ersten christlichen Seelsorger, von denen wir schriftliche Zeugnisse besitzen.

Spirituelle Lehrerinnen und Lehrer aus dem Protestantismus betonen, dass schon Jesus aus dem Hören auf Gott lebte: „Am Morgen, noch vor Tage, stand er auf und ging hinaus. Und er ging an eine einsame Stätte und betete dort" (Markus 1,35). Im Zentrum des Hörens Jesu stand das Wort der Heiligen Schrift. Sein Vorbild kann uns gegen alle Widerstände von innen und außen dazu anspornen, regelmäßig Augenblicke der Stille vor dem Wort der Bibel zu suchen. Besinnung und Schweigen sind dabei kein frommes Werk; vielmehr geht es darum, dass der dreieinige Gott selbst an uns handelt und uns mit seiner Gegenwart erfüllt und durchdringt. Wir haben keine andere Aufgabe, als Gastgeber Gottes zu sein und seine Worte in uns wirken zu lassen.

In einer von Leistungsdruck und Konsumrausch erfüllten Umgebung brauchen Christen Oasen der Stille, in denen sie frischen Sauerstoff aus der Welt Gottes tanken können!

Peter Zimmerling

Der Herr sprach:
„Geh heraus und tritt hin auf den Berg vor den Herrn! Und siehe, der Herr wird vorübergehen."

Und ein großer, starker Wind,
der die Berge zerriss und die Felsen zerbrach,
kam vor dem Herrn her;
der Herr aber war nicht im Winde.

Nach dem Wind aber kam ein Erdbeben;
aber der Herr war nicht im Erdbeben.

Und nach dem Erdbeben kam ein Feuer;
aber der Herr war nicht im Feuer.

Und nach dem Feuer kam ein stilles, sanftes Sausen.
Als das Elia hörte, verhüllte er sein Antlitz mit seinem Mantel und ging hinaus und trat in den Eingang der Höhle.

1. Könige 19,11-13

Ein Bruder fragte einst einen der Väter: „Meine Gedanken irren ständig umher, und das macht mich betrübt." Dieser antwortete ihm: „Bleib nur in deiner Zelle, und deine Gedanken werden sich wieder sammeln. Denn so wie das Füllen einer Eselin, wenn diese irgendwo angebunden wird, bald dahin, bald dorthin springt, aber doch immer wieder zu seiner Mutter zurückkehrt, so werden auch die Gedanken dessen, der Gottes wegen geduldig in seiner Zelle bleibt, auch wenn sie umherschweifen, dennoch wieder zu ihm zurückkehren."

Aus den Apophthegmata Patrum („Weisung der Väter"; entstanden am Ende des 5. Jahrhunderts)

Drei Studierende wurden Mönche, und jeder von ihnen nahm sich ein gutes Werk vor. Der Erste erwählte dies: Er wollte Streitende zum Frieden zurückführen nach den Worten der Schrift: „Selig sind die Friedfertigen". Der Zweite wollte Kranke besuchen. Der Dritte ging in die Wüste, um dort in Ruhe zu leben. Der Erste, der sich um die Streitenden mühte, konnte doch nicht alle heilen. Und von Verzagtheit übermannt, ging er zum Zweiten, der den Kranken diente, und fand auch den in gedrückter Stimmung. Denn auch er konnte sein Vorhaben nicht ganz ausführen. Sie kamen daher beide überein, den Dritten aufzusuchen, der in die Wüste gegangen war, und sie erzählten ihm ihre Nöte und baten ihn, er möge aufrichtig sagen, was er gewonnen habe. Der schwieg eine Weile. Dann goss er Wasser in ein Gefäß und sagte ihnen, sie sollten hineinschauen. Das Wasser war noch ganz unruhig. Nach einiger Zeit ließ er sie wieder hineinschauen und sprach: „Betrachtet nun, wie ruhig das Wasser jetzt geworden ist." Und sie schauten hinein und erblickten ihr Angesicht wie in einem Spiegel. Darauf sagte er weiter: „So geht es dem, der unter Menschen weilt: Wegen der Unruhe und Verwirrung kann er seine Sünden nicht sehen. Wer sich aber ruhig hält und besonders in der Einsamkeit, der wird bald seine Fehler einsehen."

Aus den Apophthegmata Patrum
(„Weisung der Väter"; entstanden am Ende des 5. Jahrhunderts)

Du sollst dich nicht immer und nie ganz der äußeren Tätigkeit widmen, sondern ein Quäntchen deiner Zeit und deines Herzens für die Selbstbesinnung zurückbehalten. Die Selbstbesinnung entwirrt das Verwirrte, führt das Auseinanderstrebende zusammen, sammelt das Zerstreute, durchforscht das Verborgene, erspürt das Wahre, prüft das Wahrscheinliche und geht dem Erdichteten und Geschminkten auf den Grund. Die Selbstbesinnung ordnet im Voraus an, was geschehen soll, und denkt über das Geschehene nach, so dass im Geiste sich nichts Unverbessertes oder Verbesserungsbedürftiges ansetzen kann. Im Glück fühlt sie das Unglück voraus, im Unglück ist sie, als fühlte sie nicht. So trägt sie Starkmut und Klugheit in sich.

Bernhard von Clairvaux (um 1090-1153)

Wir hören viel, aber wir hören erst eigentlich, wenn wir die wirren Stimmen haben sterben lassen und nur noch eine spricht.
Wir sehen viel, doch wir sehen erst eigentlich, wenn wir die wirren Lichter alle ausgeblasen haben und nur das eine klare, große in der Seele leuchtet, das fern ist aller Geschaffenheit, aller Gespaltenheit.

Wenn du mich fragst, was Gott in allen Dingen suche, so antworte ich dir aus dem Buche der Weisheit, wo er spricht: „In allen Dingen suche ich die Ruhe." Es ist aber nirgends ganze Ruhe als allein in dem abgeschiedenen Herzen.

Meister Eckhart (1260-1328)

Darum ist gut, dass man frühmorgens das Gebet das erste und des Abends das letzte Werk sein lasse und sich mit Fleiß vor diesen falschen, betrügerischen Gedanken hüte, die da sagen: Warte ein wenig, in einer Stunde will ich beten, ich muss dies oder das zuvor fertig machen. Denn mit solchen Gedanken kommt man vom Gebet in die Geschäfte, die halten und umfangen einen dann, dass aus dem Gebet den Tag über nichts wird.

Martin Luther (1483-1546)

Gleichwie die Sonne in einem stillen Wasser gut zu sehen ist und es kräftig erwärmt, kann sie in einem bewegten, rauschenden Wasser nicht deutlich gesehen werden. Darum, willst du auch erleuchtet und warm werden durch das Evangelium, so gehe hin, wo du still sein und das Bild dir tief ins Herz fassen kannst, da wirst du finden Wunder über Wunder.

Martin Luther (1483-1546)

*A*ls ich einmal begann, die verschiedenen Betätigungen der Menschen zu betrachten, entdeckte ich, dass das ganze Unglück der Menschen nur daher kommt, dass sie nicht in Ruhe in einem Zimmer bleiben können. Von daher kommt es – ein angeborenes Unglück unserer schwachen und sterblichen Beschaffenheit –, dass die Menschen so sehr den Lärm und die Unruhe lieben, von daher ist das Gefängnis eine so schreckliche Marter; von daher ist die Freude an der Einsamkeit unbegreiflich.

Blaise Pascal (1623-1662)

Wo Gott zu finden ist

Gott ist ein stiller Geist, der überall zugegen;
Drum, wer ihm nahen will, darf sich nicht viel bewegen;
Verlier, was bildlich ist, und brauch nicht viel Gewalt,
Kehr sanft in stillen Geist: Ich weiß, du findst ihn bald.

Gerhard Tersteegen (1697-1769)

Gottes Führung fordert Stille,
da man innehält und lauscht,
denn wie leicht wird Gottes Wille
mit der eignen Wahl vertauscht.

Alle unsre Menschenwerke
gehen überhaupt nicht gut,
wenn man sie in eigner Stärke
und nicht aus der Gnade tut.

Göttliche und innre Dinge
lassen es erst recht nicht zu,
dass man sie mit Sturm erzwinge,
sondern weisen uns zur Ruh.

Lass uns immer also handeln
in der kurz bemessnen Frist,
bis wir in dem Lichte wandeln,
Herr, wie du im Lichte bist.

Nikolaus Ludwig Graf von Zinzendorf (1700-1760)

Herr, unser Gott,
Du hast unzählige stille Wege,
auf denen Du möglich machst,
was unmöglich scheint.
Gestern war noch nichts sichtbar,
heute nicht viel,
aber morgen steht es
vollendet da,
und nun erst gewahren wir,
rückblickend,
wie Du unmerklich schufst,
was wir unter großem Lärm
nicht zustande gebracht haben.

Jeremias Gotthelf (1797–1854)

Allmählich, wie er innerlicher und innerlicher wurde im Gebet, hatte er weniger und weniger zu sagen, und zuletzt verstummte er ganz. Er ward stumm, ja, was dem Reden vielleicht noch mehr entgegengesetzt ist als das Schweigen, er ward Hörender. Er hatte gemeint, beten sei reden; er lernte: beten ist nicht bloß schweigen, sondern ist hören. Und so ist es denn auch; beten heißt nicht, sich selber reden hören, sondern heißt dahin kommen, dass man schweigt, und im Schweigen verharren, und harren, bis der Betende Gott hört.

Sören Kierkegaard (1813-1855)

Gebet der Hingabe

Mein Vater,
ich überlasse mich Dir ganz und gar,
tue mit mir, was Dir gefällt.
Was immer Du mit mir tust, ich danke Dir.
Ich bin zu allem bereit, ich nehme alles hin,
wenn nur Dein Wille sich in mir erfülle
und in allen Deinen Geschöpfen …
Ich wünsche nichts anderes, mein Gott.
Ich lege meine Seele in Deine Hände,
ich schenke sie Dir, mein Gott,
mit der ganzen Liebe meines Herzens,
weil ich dich liebe
und es mich aus Liebe danach verlangt,
mich zu geben,
mich in Deine Hände zu geben,
ohne Maßen
mit unendlichem Vertrauen,
denn Du bist mein Vater.

Charles de Foucauld (1858-1916)

Vor der Majestät Gottes geziemt uns ehrerbietige Stille, bis Er redet. Der Weise des alten Bundes sagt: „Übereile dein Herz nicht zu reden mit Gott, denn Gott ist im Himmel, und du bist auf Erden; darum lass auch deiner Worte wenig sein." Die Heiligen des Alten Bundes waren lauschende Menschen, die geöffnete Ohren hatten für die Stimme des Allerhöchsten. Sie konnten warten, bis Er mit ihnen redete. „Rede, Herr, dein Knecht höret!" – „Siehe, hier bin ich!" Unsere Gebete würden kraftvoller sein, wenn sie ärmer wären an Worten und wenn ihnen wartendes, lauschendes Schweigen voranginge. Heiliges Schweigen, auch im Wandel, im Umgang mit Menschen, in der Einsamkeit und im Gewühle bringt göttliche Kräfte in uns hinein.

Eva von Tiele-Winckler (1866-1930)

Wenn es nur einmal so ganz stille wäre.
Wenn das Zufällige und Ungefähre
verstummte und das nachbarliche Lachen,
wenn das Geräusch, das meine Sinne machen,
mich nicht so sehr verhinderte am Wachen –:

Dann könnte ich in einem tausendfachen
Gedanken bis an deinen Rand dich denken
und dich besitzen (nur ein Lächeln lang),
um dich an alles Leben zu verschenken
wie einen Dank.

Rainer Maria Rilke (1875-1926)

Immerzu will der Mensch – der heutige ganz besonders – zu Anderen gehen, reden, hören, mitmachen. Immerzu will er etwas sehen, soll etwas geschehen. Bis zur Sucht will er das, und wenn er es nicht hat, wird er unruhig und es treibt ihn hinaus. Wer erkannt hat, welch kostbares Gut es ist, gesammelt zu sein, muss das überwinden – sagen wir bescheidener: immer mehr zu überwinden suchen. Es ist wirklich eine Sucht; und Süchte zu überwinden, ist schwer, weil da der Drang in die Nerven gegangen ist. Es dauert lange, bis er nachlässt, aber er kann ins Maß gebracht werden.

Zugleich muss aber auch das Positive geschehen: das Standfassen in der inneren Welt, das Zu-sich-Kommen, die Unabhängigkeit von innen her …
Der Leser darf das Gesagte nicht als Moralpredigt auffassen, sondern realistisch, als aus Erfahrung gesagt; als Hinweis auf den Weg zu einem Leben, das lohnt. Denn die Zerstreuung, das beständige Draußensein macht ja doch leer. Wenn man sich vorzustellen sucht, wohin diese zerfahrene Lebensweise treiben werde, dann kommt man auf den Gedanken, das Ende werde eine rettungslose Langeweile sein, unterbrochen durch Ausbrüche verzweifelter Ungeduld … Also muss man sich dem entgegenstellen, um des Lebens willen, damit es Sinn behalte.

Romano Guardini (1885-1968)

22. April 1956

Verstehen – durch Stille,
Wirken – aus Stille,
Gewinnen – in Stille.

Soll das Auge die Farben gewahren,
so muss es selber zuvor aller Farben entkleidet sein.

Dag Hammarskjöld (1905-1961)

Das Gebet in der Frühe entscheidet über den Tag. Vergeudete Zeit, derer wir uns schämen, Versuchungen, denen wir erliegen, Schwäche und Mutlosigkeit in der Arbeit, Unordnung und Zuchtlosigkeit in unseren Gedanken und im Umgang mit anderen Menschen haben ihren Grund sehr häufig in der Vernachlässigung des morgendlichen Gebetes. Ordnung und Einteilung unserer Zeit wird fester, wo sie aus dem Gebet kommt. Versuchungen, die der Werktag mit sich bringt, werden überwunden aus dem Durchbruch zu Gott. Entscheidungen, die die Arbeit fordert, werden einfacher und leichter, wo sie nicht in Menschenfurcht, sondern allein vor Gottes Angesicht gefällt werden. „Alles, was ihr tut, das tut von Herzen als dem Herrn und nicht dem Menschen" (Kolosser 3,23). Auch mechanisches Arbeiten wird geduldiger getan, wenn es aus der Erkenntnis Gottes und seines Befehles kommt. Die Kräfte zur Arbeit nehmen zu, wo wir Gott darum gebeten haben, er wolle uns heute die Kraft geben, die wir für unsere Arbeit brauchen.

Dietrich Bonhoeffer (1906-1945)

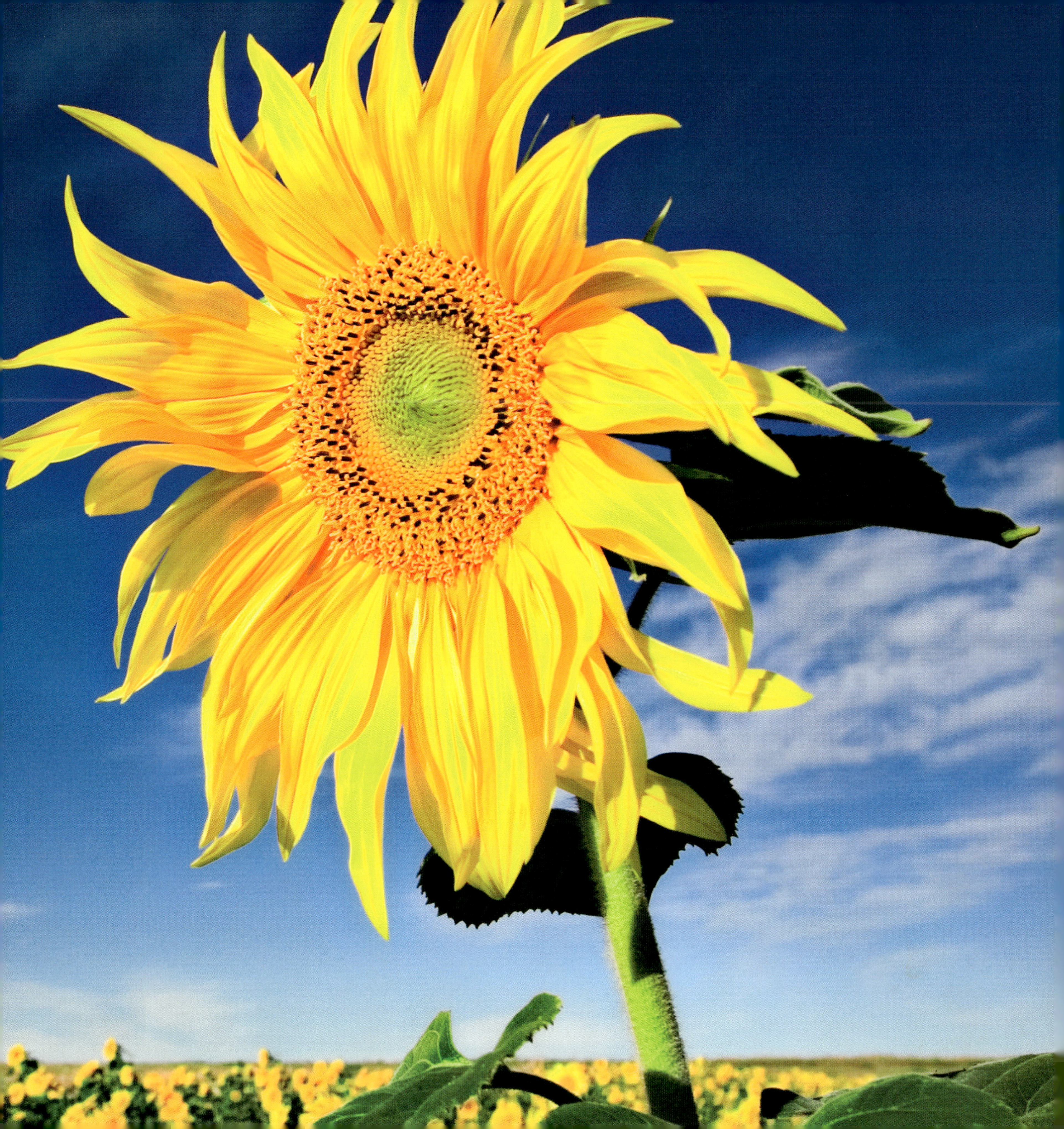

Es wird aber das Schweigen vor dem Wort sich auswirken auf den ganzen Tag. Haben wir vor dem Wort schweigen gelernt, so werden wir mit Schweigen und Reden auch am Tag haushalten lernen. Es gibt ein unerlaubtes, selbstgefälliges, ein hochmütiges, ein beleidigendes Schweigen. Schon daraus geht hervor, dass es niemals um das Schweigen an sich gehen kann. Das Schweigen des Christen ist hörendes Schweigen, demütiges Schweigen, das um der Demut willen auch jederzeit durchbrochen werden kann. Es ist das Schweigen in Verbindung mit dem Wort. So meint es Thomas a Kempis, wenn er sagt: „Keiner redet sicherer, als wer gern schweigt." Es liegt im Stillesein eine wunderbare Macht der Klärung, der Reinigung, der Sammlung auf das Wesentliche. Das ist schon eine rein profane Tatsache. Das Schweigen vor dem Wort aber führt zum rechten Hören und damit auch zum rechten Reden des Wortes Gottes zur rechten Stunde. Viel Unnötiges bleibt ungesagt. Das Wesentliche und Hilfreiche aber kann in wenigen Worten gesagt sein.

Dietrich Bonhoeffer (1906-1945)

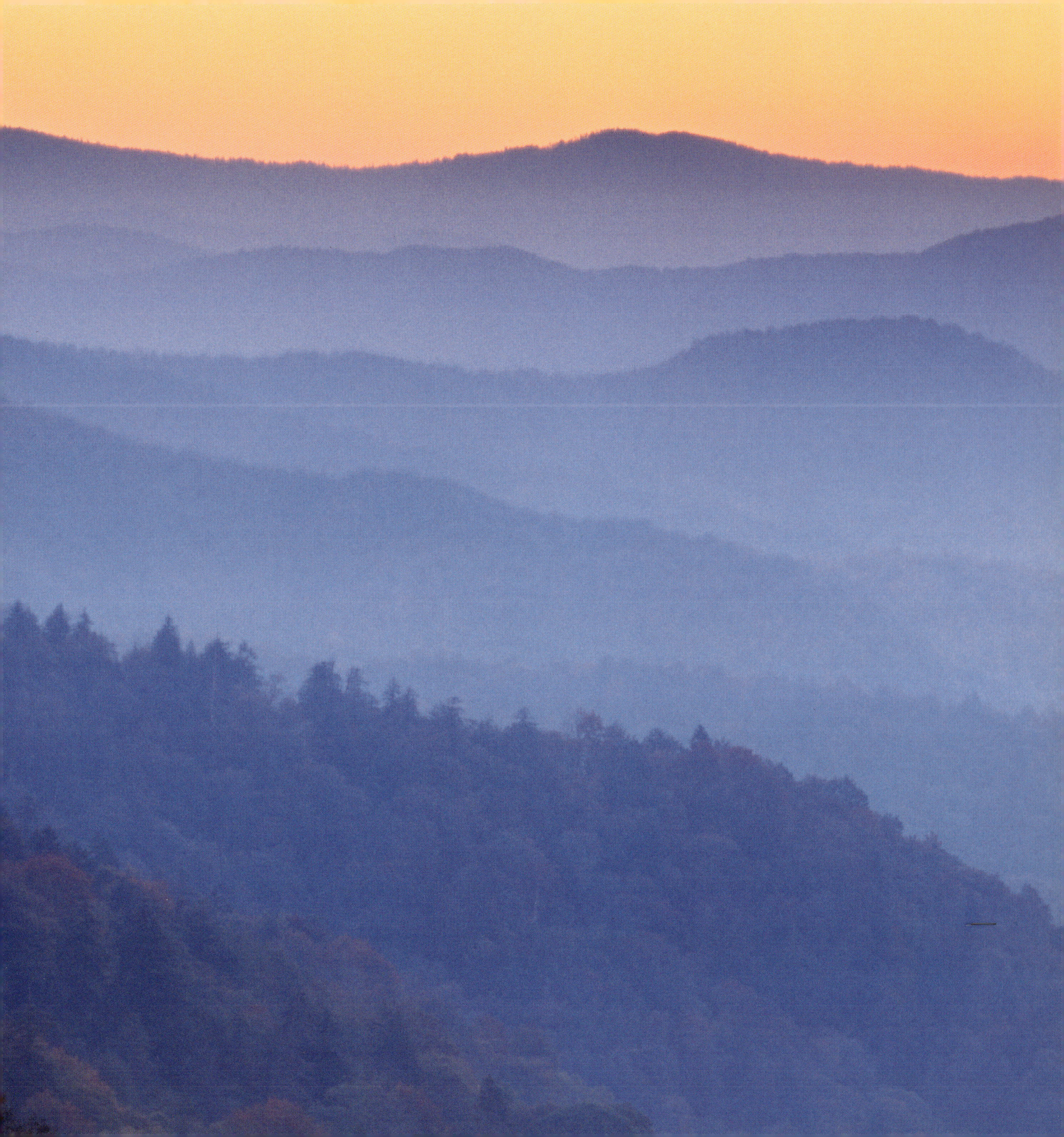

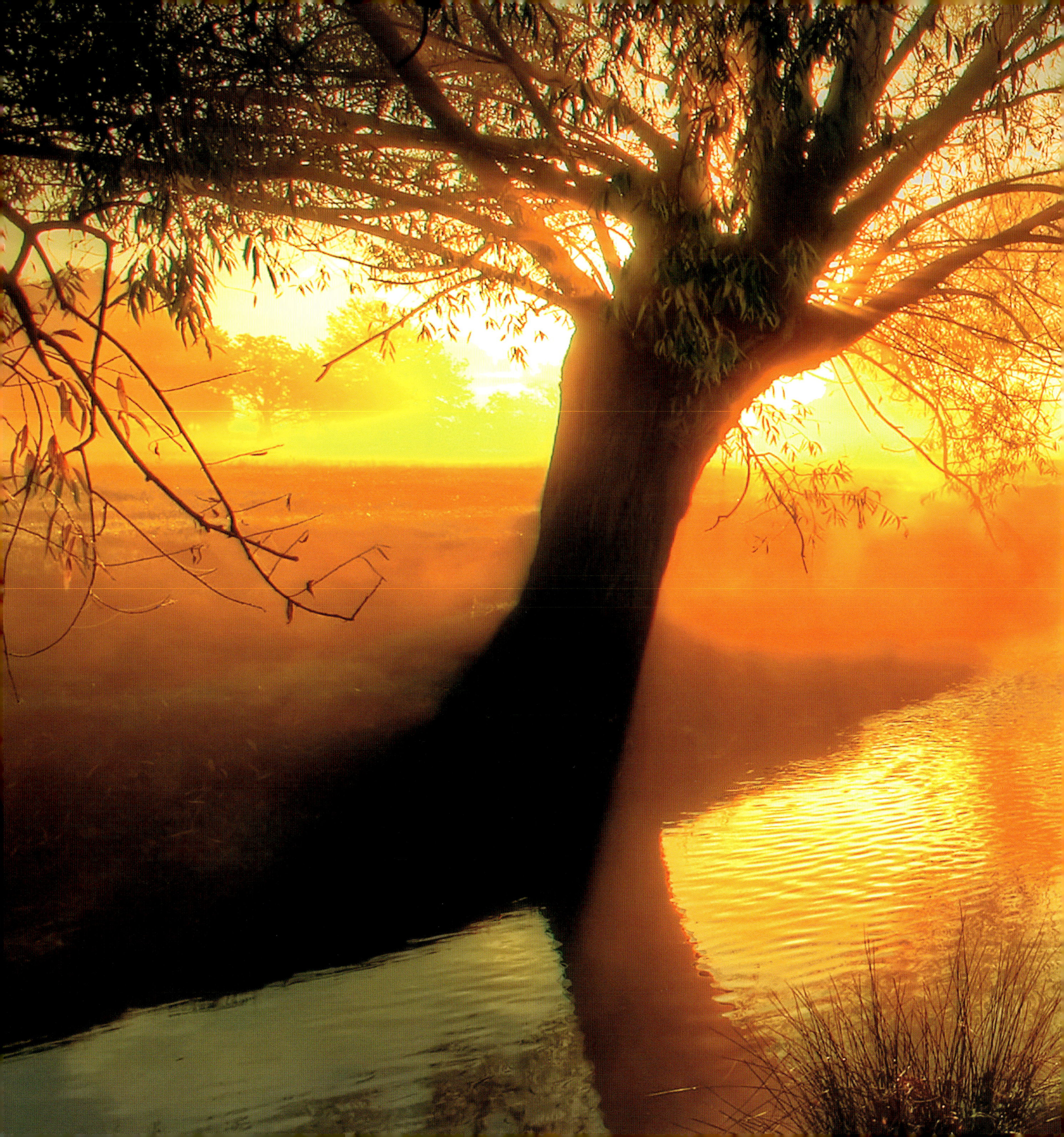

Stille tritt erst ein, wenn der Mensch sie will. Sie muss freiwillig geleistet werden, denn erzwungene Stille schafft Unbehagen, bedeutet Druck und Zwang und hindert jegliche Sammlung. Äußere Stille ist notwendige Voraussetzung für innere Stille, für das Schweigen vor Gott. Die innere Stille, das Schweigen, lässt sich nicht auf einmal gewinnen. Der Wille allein, auch der beste Wille, genügt hier nicht. Sie wird – nach aller menschlichen Vorbereitung – als besondere Gabe Gottes erfahren. Das heilige Schweigen gehört zu den Gaben des Heiligen Geistes.

Friso Melzer (1907-1999)

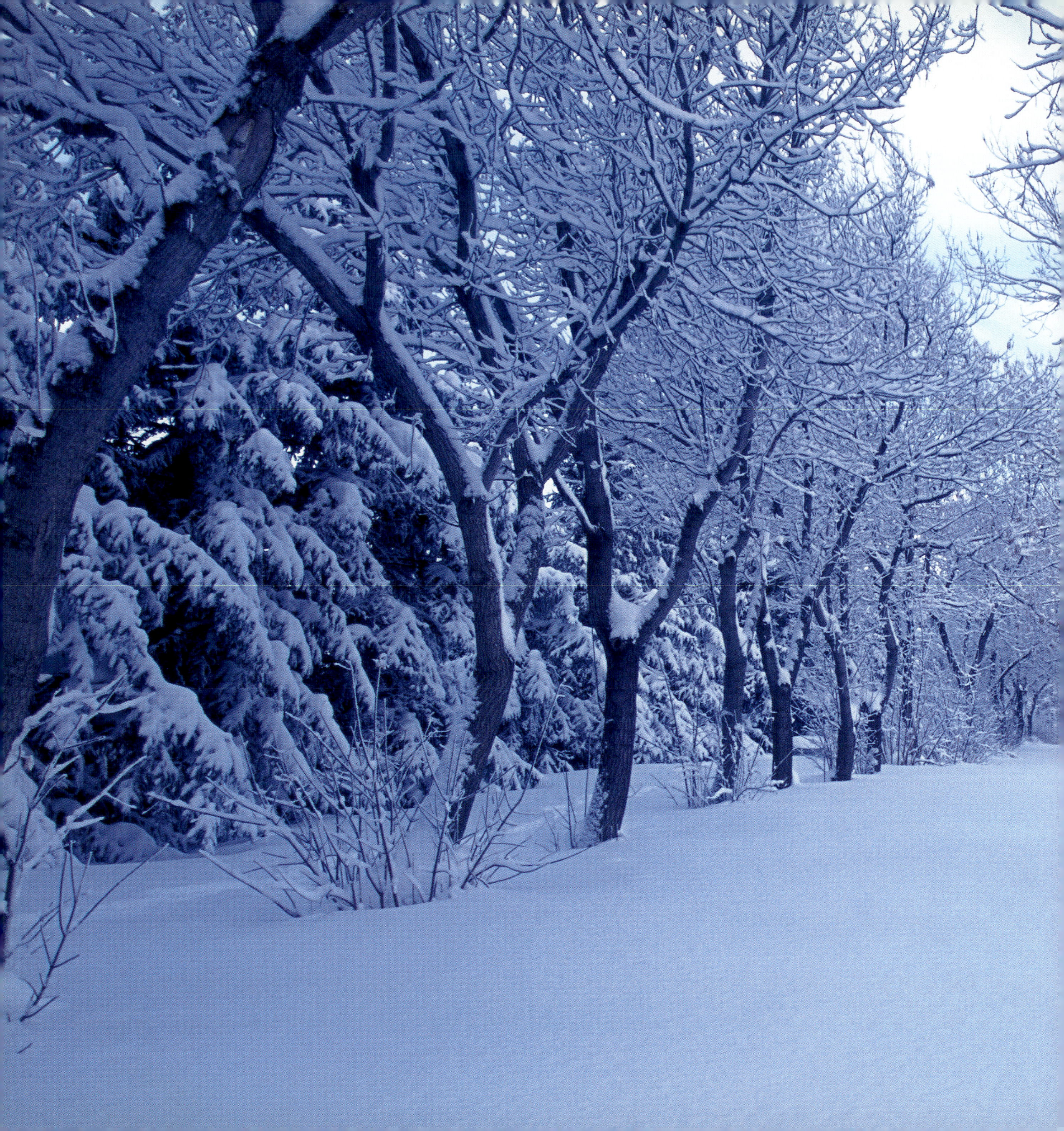

Stille ist mehr als Lautlosigkeit auf Erden, über und unter ihr. Stille ist wie ein Mantel, den die Seele über die Sinne des Menschen wirft, eine Weitung des Herzens ins Unendliche hinein, eine Kraft auch, das flüchtige Geräusch zu vergessen und dem Ewigen offen zu sein.

Edzard Schaper (1908-1984)

Es ist notwendig, dass wir Gott finden, und er kann nicht im Lärm und in der Ruhelosigkeit gefunden werden. Gott ist ein Freund der Stille. Seht, wie die Natur – Bäume, Blumen, Gras – in der Stille wächst; seht die Sterne, den Mond und die Sonne, wie sie in der Stille sich bewegen. Ist es nicht unsere Sendung, Gott den Armen in den Slums zu geben? Nicht einen toten Gott, sondern einen lebenden, liebenden. Je mehr wir im stillen Gebet empfangen, desto mehr können wir in unserem tätigen Leben geben. Wir brauchen die Stille, um Seelen anrühren zu können. Das Wesentliche ist nicht, was wir sagen, sondern was Gott uns und durch uns sagt. All unsere Worte werden nutzlos sein, wenn sie nicht von innen kommen.

Mutter Teresa von Kalkutta (1910-1997)

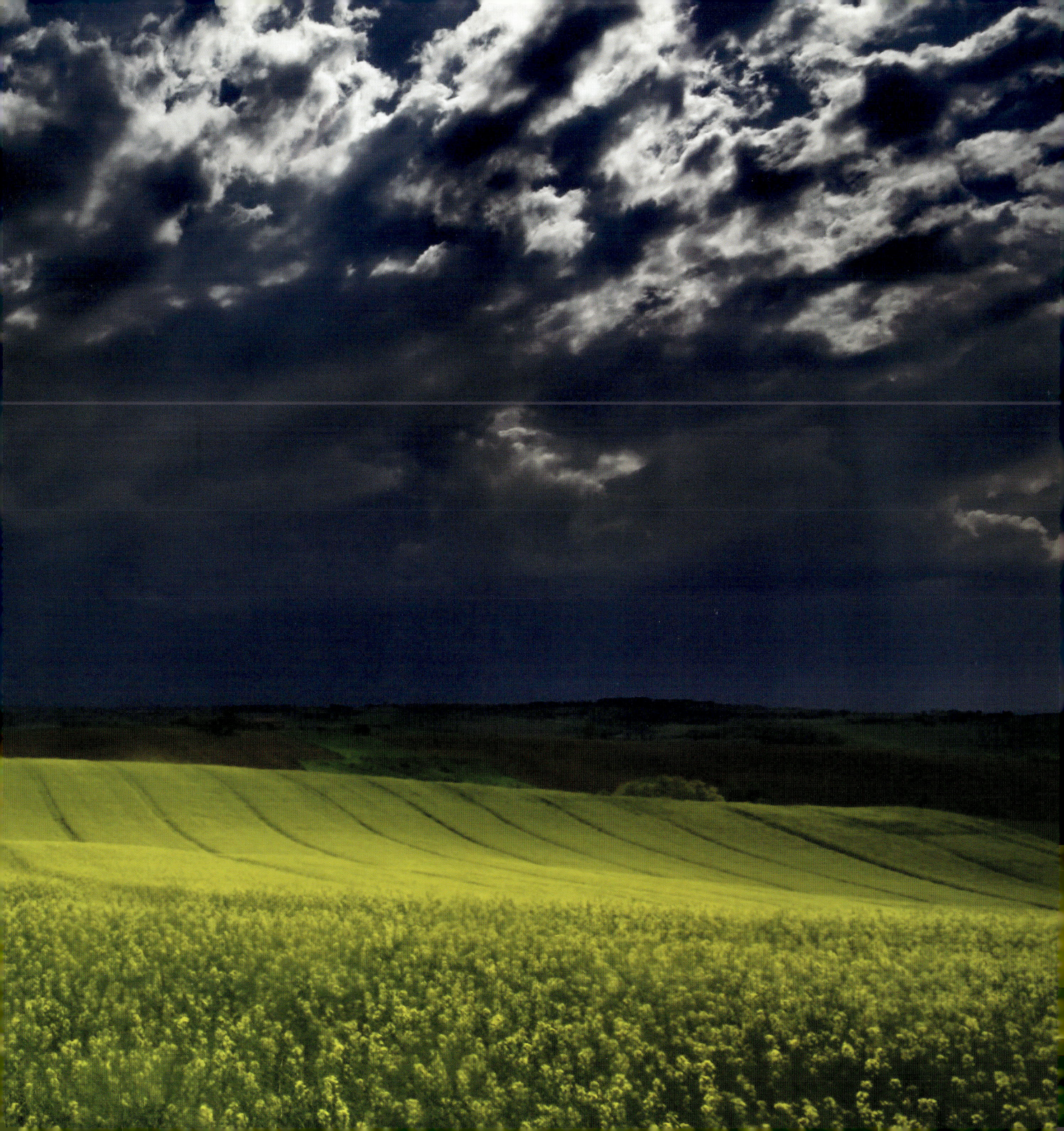

Das stille Kämmerlein besagt zunächst, dass ich die Verbindung mit der sinnlich wahrnehmbaren Welt konsequent abbreche, weil ich sonst die Stimme der unsichtbaren, göttlichen Welt überhaupt nicht wahrnehmen kann. Wer dauernd mit dieser Welt beschäftigt ist, kann die ewige, göttliche Welt nicht vernehmen. Und wenn wir sagen, Gott sei für uns abstrakt und die göttliche Welt sei für uns verschlossen, dann deswegen, weil wir beständig außenorientiert sind und nicht bereit, uns zurückzuziehen und zurückzunehmen, still zu werden und zu schweigen. Gott redet heute noch genau wie zu allen Zeiten, nur der Mensch ist heute weltlicher geworden. Er entscheidet sich beständig gegen die geistige Welt für die vielfältige, sinnlich wahrnehmbare Welt, der er hinterher jagt.
In diese Situation hinein tritt die Aufforderung: Geh in das stille Kämmerlein und schließ die Tür zu und lass alle sinnlichen Eindrücke beiseite, damit du die Stimme des Geistes überhaupt wahrnimmst.

Olav Hanssen (1915-2005)

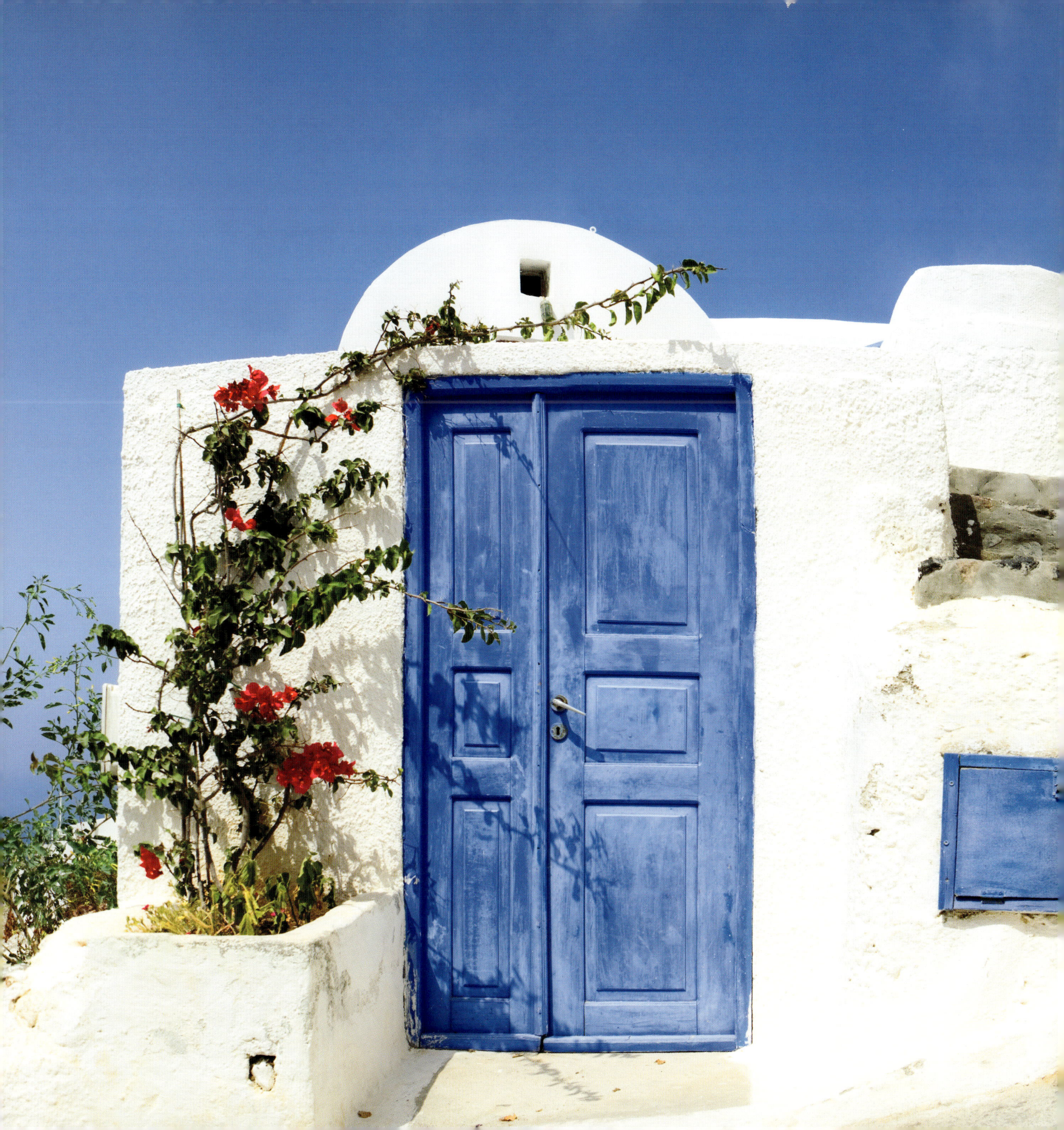

Nicht das Leerwerden der Seele führt zur Fülle, sondern die Fülle selber ist es, die sich Raum verschafft und die Seele leer macht von anderen Dingen. Darum braucht sich niemand zu bemühen, leer zu werden, sondern sollte sich vielmehr darauf konzentrieren, von Gott gefüllt zu werden. Nimm Göttliches auf, soviel du kannst: Es wird ganz von selbst dein Inneres erfüllen und durchdringen. Lass Gottes Wort „reichlich in dir wohnen" (Kolosserbrief 3,16), bis du dann wie von selbst von ihm aus zu denken und zu fühlen beginnst, bis „Psalmen und Lobgesänge" dein Herz erfüllen. Fülle dich mit Gebet und Anbetung: Jedes Wort, das du zu Gott sprichst, jeder zaghafte Gedanke, den du auf ihn richtest, hat Kraft, sich auszubreiten und lässt Zweifel, Angst und Resignation, wie sie aus deiner Natur aufsteigen, verstummen. Am Ende wohnt so „die Fülle der Gottheit" ganz in deinem Herzen, lebst nicht mehr du mit deinem „Ich", sondern lebt Christus in dir, der durch dich hindurch handelt und dich in seine Auferstehung hineinzieht.

Wolfgang Böhme (geb. 1919)

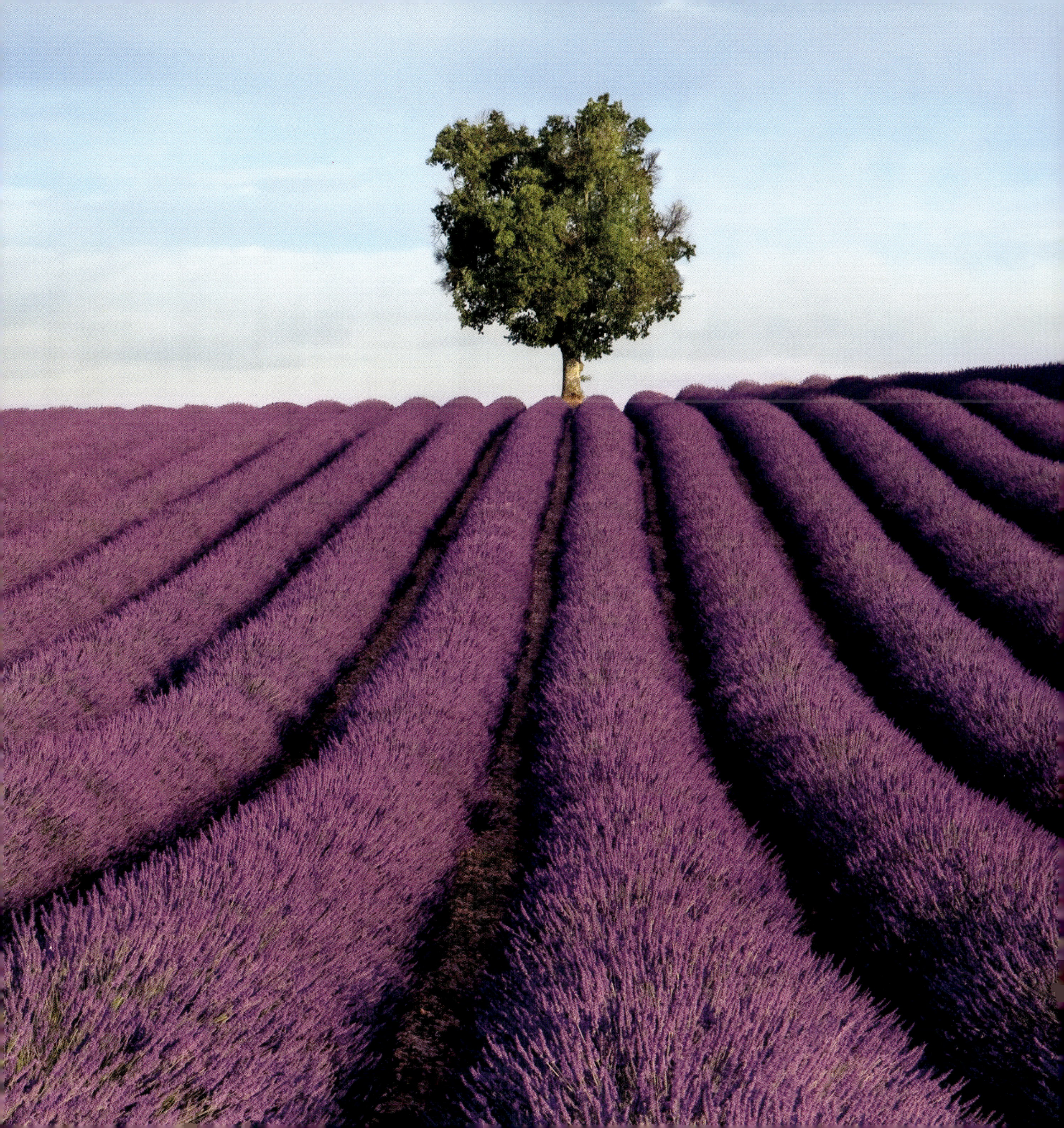

Angst

Ich stelle das Radio
leise;
es spielt lauter.

Ich drücke die Taste
aus;
es spielt weiter.

Ich ziehe den Kontakt
heraus;
es spielt weiter.

Ich laufe in den Keller
und schalte den Strom ab;
das Radio schreit.

Jeden Augenblick
wird es mich töten;
ich muss auf die Straße.

Detlev Block (geb. 1934)

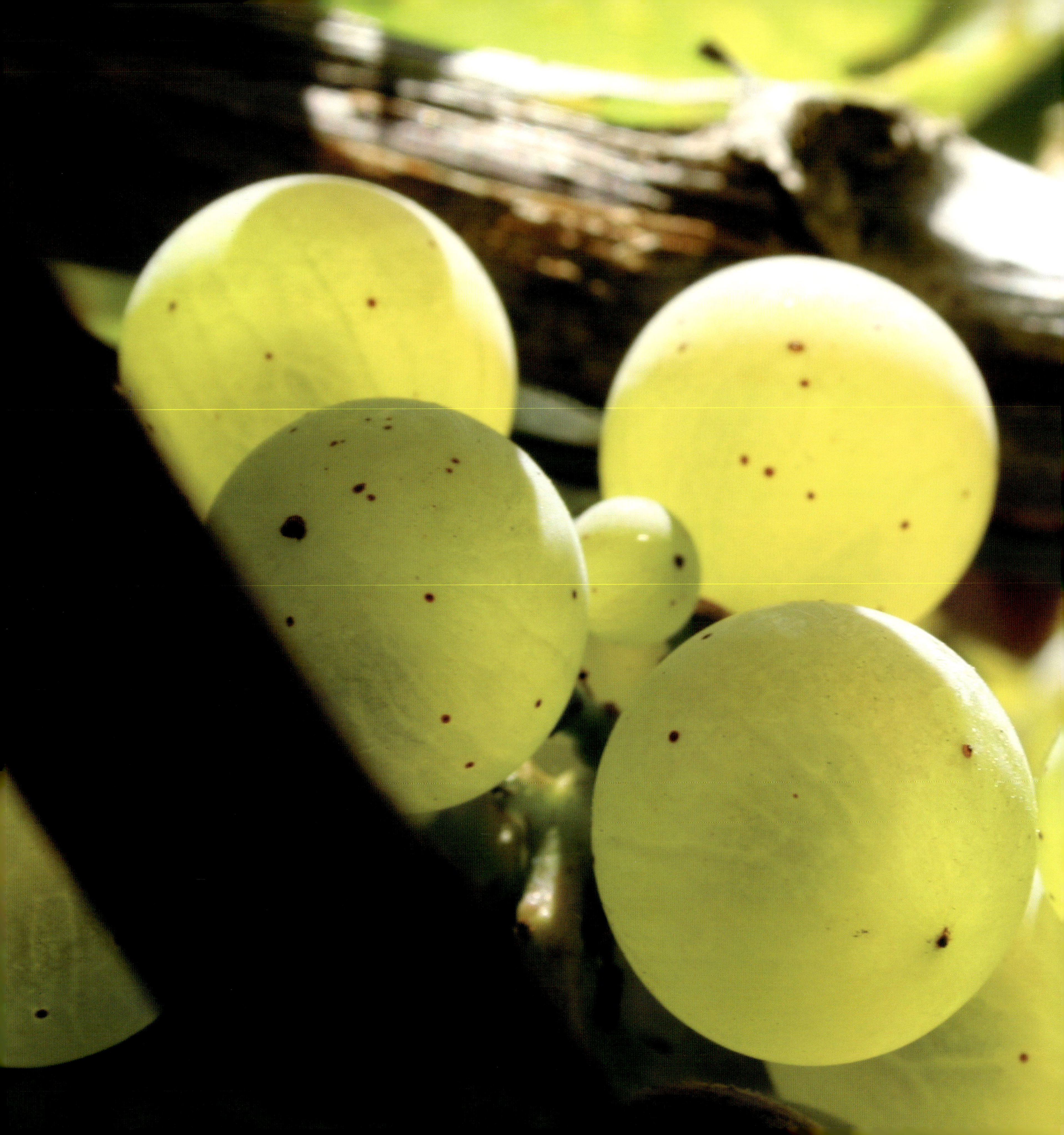

*J*esus war ein Hörender. Das Hören auf Gott müssen wir immer wieder von Jesus lernen, selbst wenn wir meinen, es längst zu können. Er hörte dreißig Jahre, bevor er seine Seelsorge begann. Die Erzählung vom Zwölfjährigen gewährt uns einen Einblick in diese Zeit der Stille Jesu und zeigt: Sie war erfüllt vom Aufnehmen des alttestamentlichen Gotteswortes und von der Einarbeitung in seine Gedanken. Als er hervortrat, hörte er das Wort beständig weiter. Er lebte nicht vom Brot allein (Matthäus 4,4); er war so erfüllt von ihm, dass er sagen konnte: „Meine Speise ist die, dass ich tue den Willen des, der mich gesandt hat" (Johannes 4,34).

Manfred Seitz (geb. 1928)

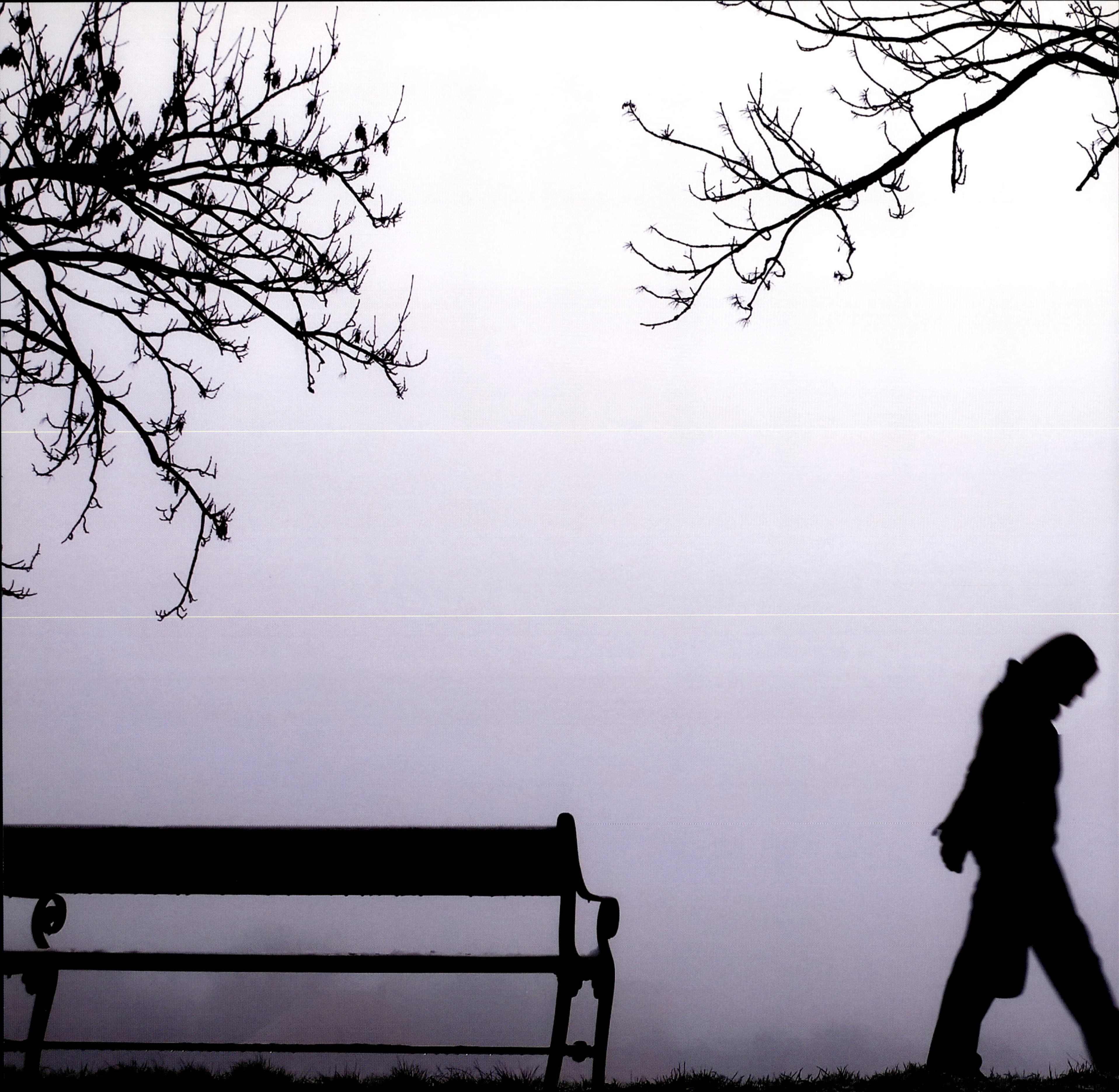

Einsamkeit heißt, mit Gott allein zu sein – nur mit ihm. Gibt es dafür Raum in deinem Leben? Warum ist es so wichtig, dass du mit Gott allein bist – ganz allein mit ihm auf dem Gipfel eines Berges? Es ist so wichtig, weil das der Platz ist, an dem du die Stimme des einen hören kannst, der dich seinen Geliebten nennt. Beten heißt, auf den zu hören, der dich „meine geliebte Tochter", „mein geliebter Sohn", „mein geliebtes Kind" nennt. Beten heißt, diese Stimme, die Stimme deines Liebhabers, ins Zentrum deines Seins sprechen zu lassen, tief in dein Inneres hinein, sie widerhallen zu lassen in deiner gesamten Existenz.

Wer bin ich? Du bist der Geliebte! Du bist der, der geliebt wird. Das ist die Stimme, die Jesus hörte, als er nach seiner Taufe aus dem Jordan kam: „Du bist mein geliebter Sohn, an dir habe ich Wohlgefallen!" Und Jesus sagt es auch dir und mir, dass wir geliebt sind, wie er geliebt ist. Wenn du die Zusage dieser Stimme nicht in Anspruch nimmst, kannst du nicht in Freiheit durch diese Welt gehen.

Henri Nouwen (1932-1996)

Der christliche Glaube lehrt eine tiefere Sicht der Sammlung. Er leitet uns an, im Stillwerden und in der Distanz zum Handeln das Vielfältige, Zerstreuende und Widersprüchliche unseres Lebens nicht nur auf uns und unsere Personenmitte hin zu ordnen und zu beziehen, sondern unser Dasein und alles, was darin seinen Platz hat, in seinem Verhältnis zu Gott, ja von Gott her zu betrachten. Wo das geschieht, ergibt sich wie von selbst eine neue Sicht der Wirklichkeit: Von Gott her gesehen, erfahre ich mich als einer, der nicht zutiefst und zuletzt dadurch bestimmt ist, dass er sich und seine Welt durch Handeln, durch Leistung und eigenes Können verwirklicht.

Im Blick auf Gott werde ich inne, dass ich Geschöpf bin, d. h., dass ich nichts von mir aus habe, sondern leer bin, nackt und darauf angewiesen, alles von Gott her zu empfangen, wie ein leeres Gefäß, das darauf wartet, gefüllt zu werden. Mehr noch, ich erfahre, dass ich Sünder bin, d. h. einer, der der Wahrheit seines Lebens dauernd davonläuft, der seine Angewiesenheit auf Gott nicht wahrhaben und bejahen will. So lädt uns der Glaube zu einer radikaleren, tieferen „Sammlung" und „Zusammen-Schau" der Wirklichkeit ein. Er lädt uns ein, im Schweigen und im Verzicht auf eigenes Handeln zu sehen, wer wir eigentlich vor Gott sind, Geschöpf und Sünder, und dennoch von ihm eingeladen, unsere leeren Hände vor ihm auszustrecken und seine Liebe zu empfangen.

Gisbert Greshake (geb. 1933)

Beten und Meditieren sind kein Nachdenken. Es sind Stellen hoher Passivität. Man sieht die Bilder eines Psalms oder eines Bibelverses und lässt sie behutsam bei sich verweilen. Meditieren und Beten heißt frei werden vom Jagen, Beabsichtigen und Fassen. Man will nichts außer kommen lassen, was kommen will. Man ist Gastgeber der Bilder. Setze den Texten und Bildern nichts entgegen! Überliefere dich ihrer Kraft und lass dich von ihnen ziehen! Sich nicht wehren und nicht besitzen wollen ist die hohe Kunst eines meditativen Verhaltens.

Fulbert Steffensky (geb. 1933)

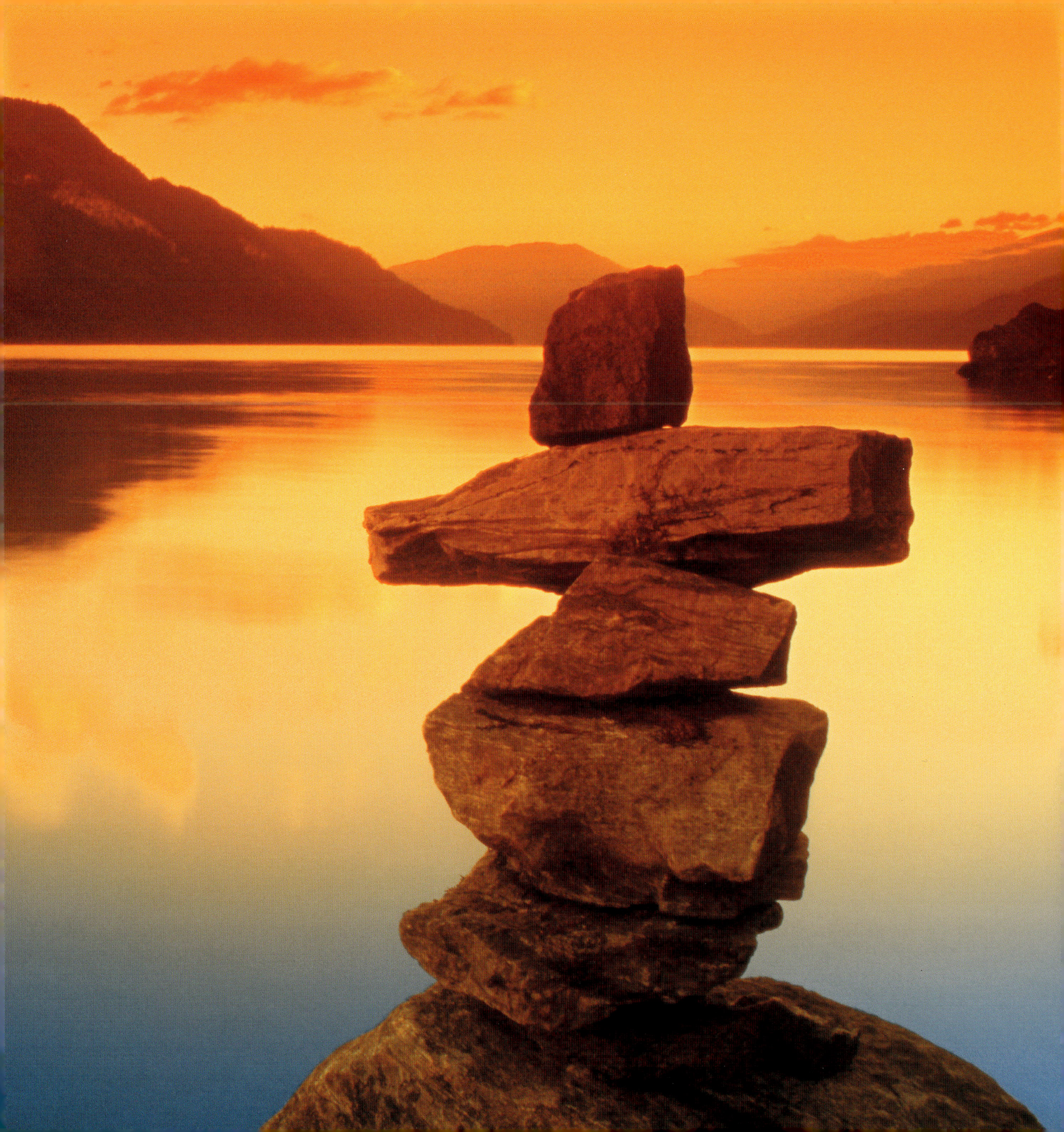

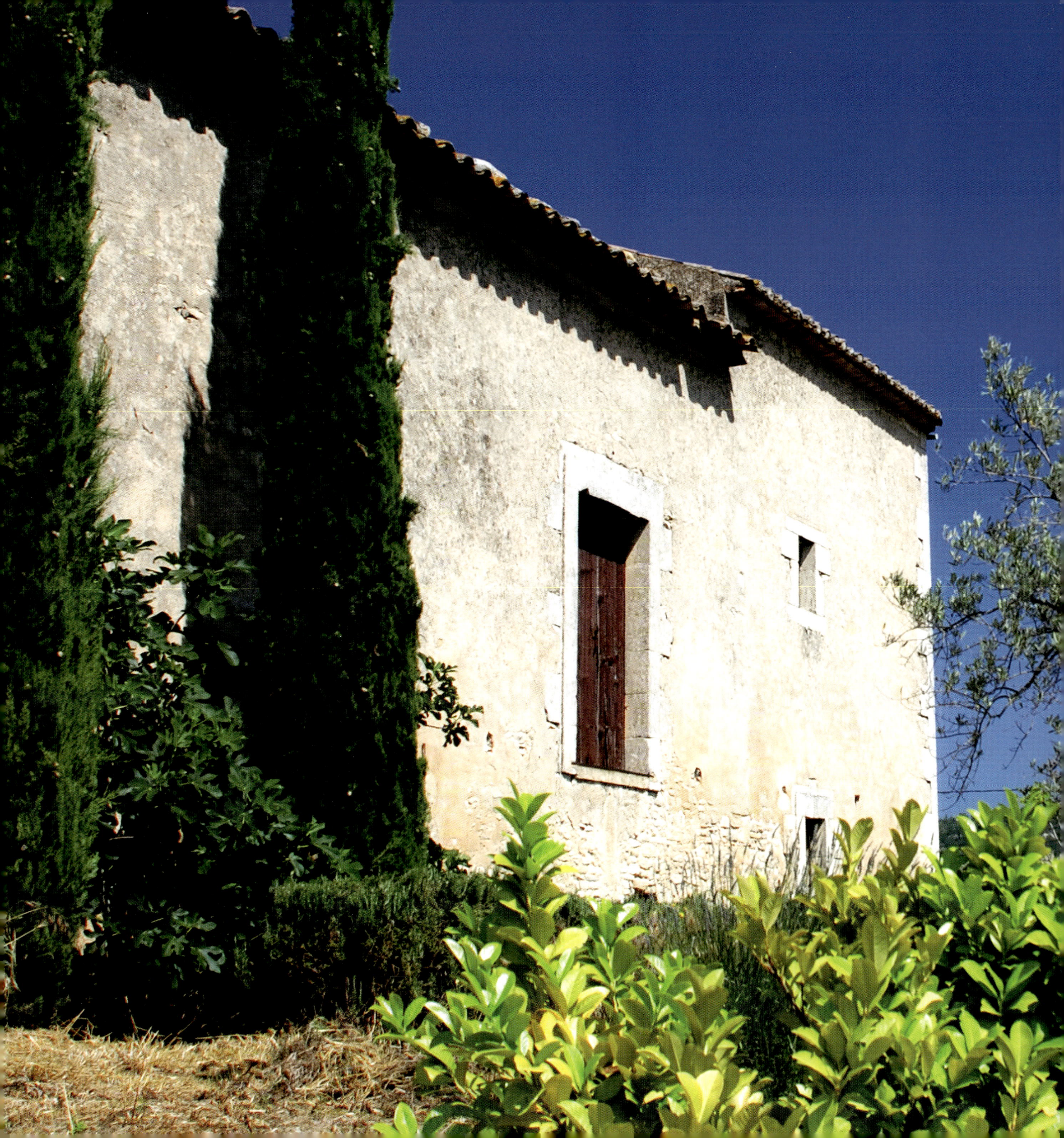

Wir sollten einen ruhigen Platz, einen Ort der Stille suchen oder schaffen, der uns zur inneren Einsamkeit verhilft. Ständig werden neue Häuser gebaut. Warum sollte man nicht einen kleinen Andachtsraum mit einplanen, ein kleines „Heiligtum", wohin jedes Familienglied sich zurückziehen kann, um allein zu sein und zur Ruhe zu kommen? Was hindert uns daran? Das Geld? Wir bauen ja auch sorgfältig geplante Spielzimmer und Wohnräume und sind der Meinung, dass das den Aufwand lohnt. Wenn Sie ein Haus besitzen, überlegen Sie, ob sich nicht eine Ecke der Garage oder des Innenhofes dafür abzweigen lässt. Wenn Sie in einer Mietwohnung leben, strengen Sie Ihre Phantasie an, um sich diese Stille zu verschaffen. Ich kenne eine Familie, die einen „besonderen Sessel" hat; wenn jemand darin sitzt, bedeutet das: „Bitte störe mich nicht, ich möchte jetzt allein sein."

Richard Foster (geb. 1942)

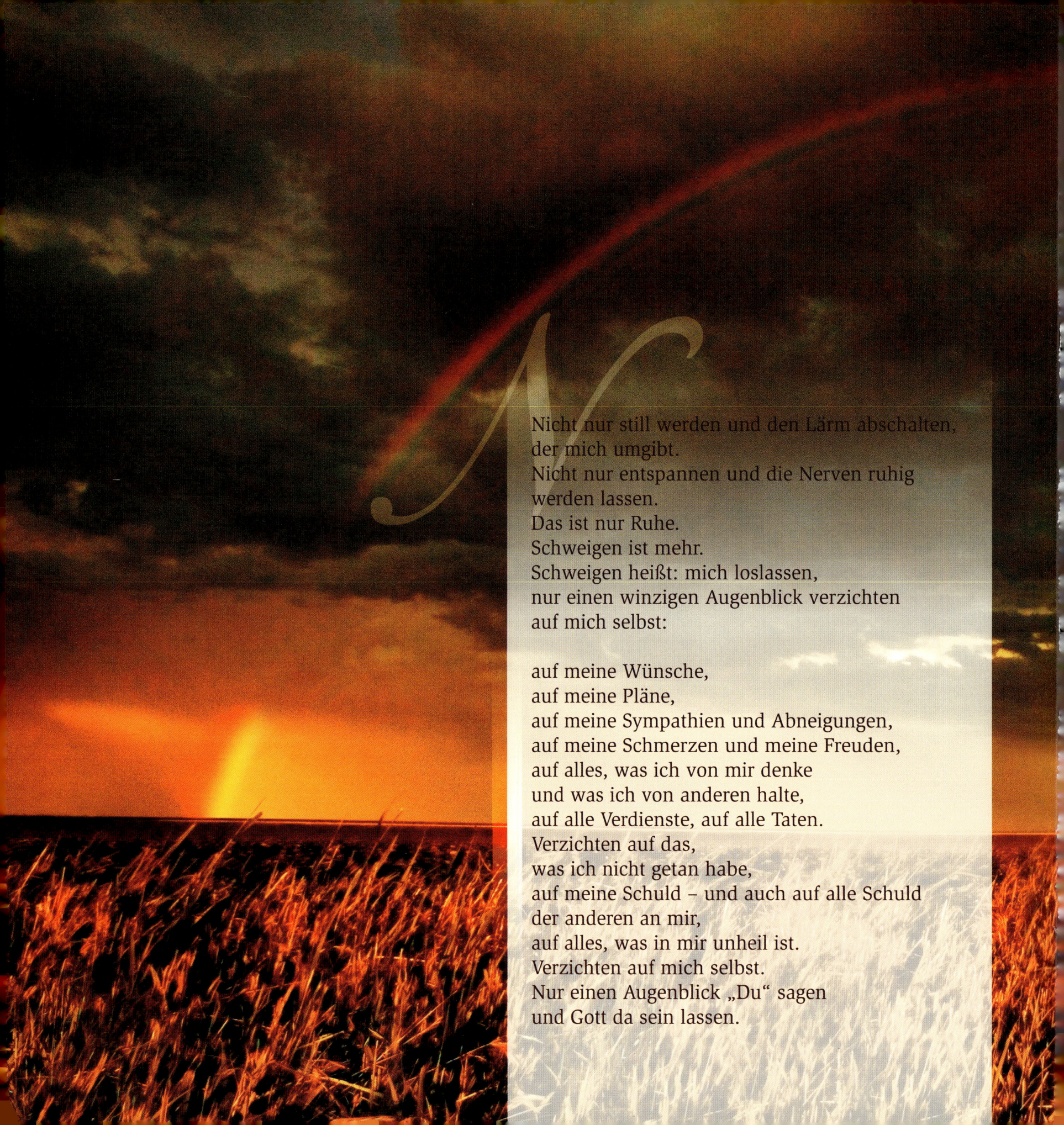

Nicht nur still werden und den Lärm abschalten,
der mich umgibt.
Nicht nur entspannen und die Nerven ruhig
werden lassen.
Das ist nur Ruhe.
Schweigen ist mehr.
Schweigen heißt: mich loslassen,
nur einen winzigen Augenblick verzichten
auf mich selbst:

auf meine Wünsche,
auf meine Pläne,
auf meine Sympathien und Abneigungen,
auf meine Schmerzen und meine Freuden,
auf alles, was ich von mir denke
und was ich von anderen halte,
auf alle Verdienste, auf alle Taten.
Verzichten auf das,
was ich nicht getan habe,
auf meine Schuld – und auch auf alle Schuld
der anderen an mir,
auf alles, was in mir unheil ist.
Verzichten auf mich selbst.
Nur einen Augenblick „Du" sagen
und Gott da sein lassen.

Nur einen Augenblick sich lieben lassen
ohne Vorbehalt, ohne Zögern, bedingungslos.
Und ohne auszuschließen,
dass ich nachher brenne.
Das ist Schweigen vor Gott.
Dann ist im Schweigen
Stille und Reden,
Handeln und Leiden,
Hoffen und Lieben zugleich.
Dann ist Schweigen: empfangen.

Auf dieses Schweigen weiß ich keine Antwort als:
neues Schweigen,
weil Gott größer ist,
weil jede versuchte Antwort zu klein gerät.

Und doch habe ich keine Angst,
zu reden und zu handeln,
weil das Schweigen eines Augenblicks
vor Gott
und mit Gott
und in Gott
die lauten Stunden erlöst.

Taizé (Betrachtung einer unbekannten jungen Frau, 1977)

Quellennachweise

Lutherbibel, revidierter Text 1984, durchgesehene Ausgabe in neuer Rechtschreibung © 1999 Deutsche Bibelgesellschaft, Stuttgart.

Weisung der Väter. Apophthegmata Patrum, auch Gerontikon oder Alphabeticum genannt, übers. von Bonifaz Miller, Sophia, Bd. 6, 2. Auflage. Trier 1980, zit. nach Reinhard Deichgräber, Wasser schöpfen in der Wüste. Von der Weisheit der Väter. Gießen 2004.

Bernhard von Clairvaux, 1. Hoheliedpredigt, Patrologia Latina 183, 789 B-C, zit. nach: Verstehen durch Stille. Loccumer Brevier, hg. i. A. d. Loccumer Arbeitskreises für Meditation. Hannover 2001.

Bernhard von Clairvaux: Die Botschaft von der Freude. Ausgewählt und eingeleitet von Jean Leclercq, übersetzt von Mönchen der Zisterzienserabtei Wettingen-Mehrerau. Benziger Verlag. Zürich/Einsiedeln/Köln 1977.

Meister Eckharts mystische Schriften. In unsere Sprache übertragen von Gustav Landauer. Berlin 1903.

Martin Luther, zit. nach Wolfgang Huber, Im Geist wandeln. Die evangelische Kirche braucht eine Erneuerung ihrer Frömmigkeitskultur, in: Zeitzeichen, Heft 7, 2002.

Martin Luther, Eine einfältige Weise zu beten, für einen guten Freund. 1535.

Gerhard Tersteegen: Geistliches Blumengärtlein. Stuttgart 1956.

Nikolaus Ludwig Graf von Zinzendorf, Gesangbuch der Evangelischen Brüdergemeine. Basel 2007, Nr. 750, 1 + 4–6.

Sören Kierkegaard, Kleine Schriften 1848/49 (Gesammelte Werke 21.-23. Abt.), übers. von Emanuel Hirsch, Düsseldorf/Köln 1960 3f, zit. nach: Verstehen durch Stille. Loccumer Brevier, hg. i. A. d. Loccumer Arbeitskreises für Meditation. Hannover 2001.

Charles de Foucauld, zit. nach: Peter Zimmerling, Der Ruf der Wüste. Charles de Foucauld – ein herausforderndes Leben. Gießen 2008.

Eva von Tiele-Winckler, Kleine Tropfen aus dem Lebensstrom. Dresden 1925.

Rainer Maria Rilke, Das Stunden-Buch, in: Rainer Maria Rilke, Werke, hg. vom Rilke-Archiv. Frankfurt a.M. ³1984.

Romano Guardini: Alle Autorenrechte liegen bei der Katholischen Akademie in Bayern, aus: Romano Guardini, Tugenden. Meditationen über Gestalten sittlichen Lebens, 6. Auflage 2004, S. 157f., Verlagsgemeinschaft Matthias Grünewald, Mainz/Ferdinand Schöningh, Paderborn.

Dag Hammarskjöld aus: ders., Zeichen am Weg, Copyright © 1963 Albert Bonnier Förlag AB; Copyright © 1965 der deutschsprachigen Ausgabe bei Droemersche Verlagsanstalt Th. Knaur Nachf., München/Zürich.

Texte von Dietrich Bonhoeffer aus: ders., Gemeinsames Leben / Das Gebetbuch der Bibel, © by Gütersloher Verlagshaus, Gütersloh, in der Verlagsgruppe Random House GmbH, München.

Friso Melzer aus: ders., Innerung. Wege und Stufen der Meditation, © bei den Rechtsnachfolgern von Friso Melzer. Trotz sorgfältigster Bemühungen ist es uns nicht gelungen, die Rechteinhaber ausfindig zu machen. Wir bitten Sie gegebenenfalls, sich mit uns in Verbindung zu setzen.

Edzard Schaper, zit. nach: Eduard Steinwand, Verkündigung, Seelsorge und gelebter Glaube. Göttingen 1964.

Mutter Teresa von Kalkutta, zit. nach: Offensive Junger Christen (Hg.), Beten – find' ich gut! Über Meditation, Beichte und Gebet. Moers 1989.

Detlev Block: Angst; aus: ders., Der Himmel hat viele Farben © 2006 Schardt Verlag, Oldenburg. S. 24.

Wolfgang Böhme aus: ders., Da geschieht eine selige Stille. Annäherungen an Mystik, © beim Autor.

Manfred Seitz aus: ders., Erneuerung der Gemeinde, © Vandenhoeck & Ruprecht GmbH & Co.KG, 2.Aufl., Göttingen 1991.

Henri Nouwen, aus: Aufatmen 2/96, Bundes-Verlag, Witten.

Gisbert Greshake aus: ders., Die Wüste bestehen. Erlebnis und geistliche Erfahrung, © beim Autor.

Fulbert Steffensky aus: ders., Schwarzbrot-Spiritualität, © 2006 by Radius-Verlag, Alexanderstr. 162, 70180 Stuttgart.

Richard Foster, Nachfolge feiern. Geistliche Übungen – neu entdeckt. Wuppertal 1986.

„Schweigewiese" in Taizé – Betrachtung einer unbekannten jungen Frau 1977, zit. nach Gerhard Ruhbach, Geistlich leben. Wege zu einer Spiritualität im Alltag. Gießen 1996.

Das Verteilheft für Sie und Ihre Gemeinde zum JAHR DER STILLE 2010

GOTTES LEBENSRHYTHMUS ENTDECKEN

Günstige Mengenpreise ab 50 Cent!

Zum Jahr der Stille 2010:

Das AUFATMEN Sonderheft – 100 Seiten voll mit Informationen und persönlichen Erfahrungen:

- Wie man die Stille für sich entdecken kann
- Gott hören in der Stille – Erfahrungen im Alltag
- Alltagsnahe Tipps und Ideen für eigene Stille-Zeiten
- Gottes Liebe verstehen und Zweifel überwinden
- Biblische Grundlagen und praktische Wege zur Stille
- Ideen, Erfahrungen und viele Tipps zum Vertiefen des Themas

Fragen Sie Ihren Buchhändler.

www.aufatmen.de
Tel. 02302 93093-910
Fax 02302 93093-689

Einzelpreis € 5,80 (CHF 11.50)
Günstige Mengenpreise ab 50 Cent!

SCM Bundes-Verlag

www.aufatmen.de